LES GROSSES MACHINES

LES GROS TRACTEURS

Sebastian Smith

TABLE DES MATIÈRES

Un livre de la collection

Les jeunes plantes de Crabtree

CRABTREE
Publishing Company
www.crabtreebooks.com

2

Les gros tracteurs

Les tracteurs sont de grosses machines.

Les gens utilisent des tracteurs pour faire des travaux.

INTERNATIONAL

Les **agriculteurs** ne pourraient pas cultiver sans ces gros tracteurs puissants.

moteur

Les tracteurs ont de gros **moteurs.**

Pneu de tracteur
Pneu de voiture

Les gros pneus aident les tracteurs à se déplacer dans la boue, la neige et l’eau.

Les gros pneus et les gros moteurs aident les tracteurs à tirer des choses **lourdes**.

Les tracteurs peuvent aussi tirer des choses très **larges**.

Les tracteurs sont aussi utilisés pour d’autres travaux! Ils déplacent la neige dans la ville.

Nous les utilisons pour construire des routes et des ponts.

Grands rétroviseurs,
pour voir derrière

Sièges mous,
pour s'asseoir et
travailler pendant
de longues heures

Gros pneus,
pour ne pas rester
coincé dans la boue

Silencieux surélevé,
pour aller dans l'eau

Moteur gros et puissant,
pour tirer de lourdes charges

Phares puissants,
pour travailler la nuit

Les tracteurs sont de grosses et puissantes machines.

Glossaire

agriculteurs (a-gri-cul-teur) : Les agriculteurs sont des gens qui font pousser des cultures ou élèvent des animaux.

larges (lar-je) : Les choses larges sont longues de chaque côté.

lourdes (lour-de) : Les choses lourdes ont un énorme poids.

moteurs (mo-teur) : Les moteurs utilisent de l'essence pour créer l'énergie nécessaire pour faire avancer les machines.

Indice

Soutien de l'école à la maison pour les parents, les gardiens et les enseignants

Ce livre aide les enfants à se développer grâce à la pratique de la lecture. Voici quelques exemples de questions pour aider le lecteur ou la lectrice à développer ses capacités de compréhension. Les suggestions de réponses sont indiquées en rouge.

Avant la lecture

- **De quoi ce livre parle-t-il?** *Je pense que ce livre parle des gros tracteurs. Je pense que ce livre parle de l'agriculture.*
- **Qu'est-ce que je veux apprendre sur ce sujet?** *Je veux savoir à quelle vitesse peuvent aller les tracteurs. Je veux savoir si les tracteurs peuvent être utilisés en ville.*

Pendant la lecture

- **Je me demande pourquoi…** *Je me demande pourquoi les pneus de tracteurs sont si gros. Je me demande pourquoi les tracteurs ont des phares.*
- **Qu'est-ce que j'ai appris jusqu'à présent?** *J'ai appris que les tracteurs peuvent être utilisés pour déplacer de la neige. J'ai appris que les tracteurs peuvent être utilisés pour aider à construire des routes.*

Après la lecture

- **Nomme quelques détails que tu as retenus.** *J'ai appris que les tracteurs ont des sièges mous pour s'asseoir et travailler pendant de longues heures. J'ai appris que les tracteurs ont de gros pneus pour ne pas rester coincés dans la boue.*
- **Lis le livre à nouveau et cherche les mots de vocabulaire.** *Je vois le mot **agriculteurs** à la page 7 et le mot **moteurs** à la page 9. Les autres mots du glossaire se trouvent à la page 23.*

Crabtree Publishing Company
www.crabtreebooks.com 1–800–387–7650

Version imprimée produite en collaboration avec Blue Door Education en 2022.

RÉFÉRENCES PHOTOGRAPHIQUES :
istock.com, shutterstock.com, couverture : photoschmidt – p. 4-5; fotokostic, oticki – p. 6-7: elleon, ClarissaPainter –p. 8-9: Tofotografie, stefannll – p. 0-11: lcs813, tntemerson –p. 12-13; Lubo Ivanko, valio84sl – p. 4-15; fotokostic –p. 16.17; Garry518, kordovsky –p. 8-19: Viktorcvetkovic, Shutterstock.com –p. 20-21; fotokost, valio84sl –p. 22-23: kamski

Imprimé au Canada/072021/CPC

Autrice : Sebastian Smith

Traduction : Annie Evearts

Coordonnatrice de la production et technicienne de prépresse : Samara Parent

Coordonnatrice de l'impression : Katherine Berti

Publié au Canada par Crabtree Publishing
616 Welland Ave.
St. Catharines, ON
L2M 5V6

Publié aux États-Unis par Crabtree Publishing
347 Fifth Ave
Suite 1402-145
New York, NY 10016

Catalogage avant publication de Bibliothèque et Archives Canada
Available at the Library and Archives Canada